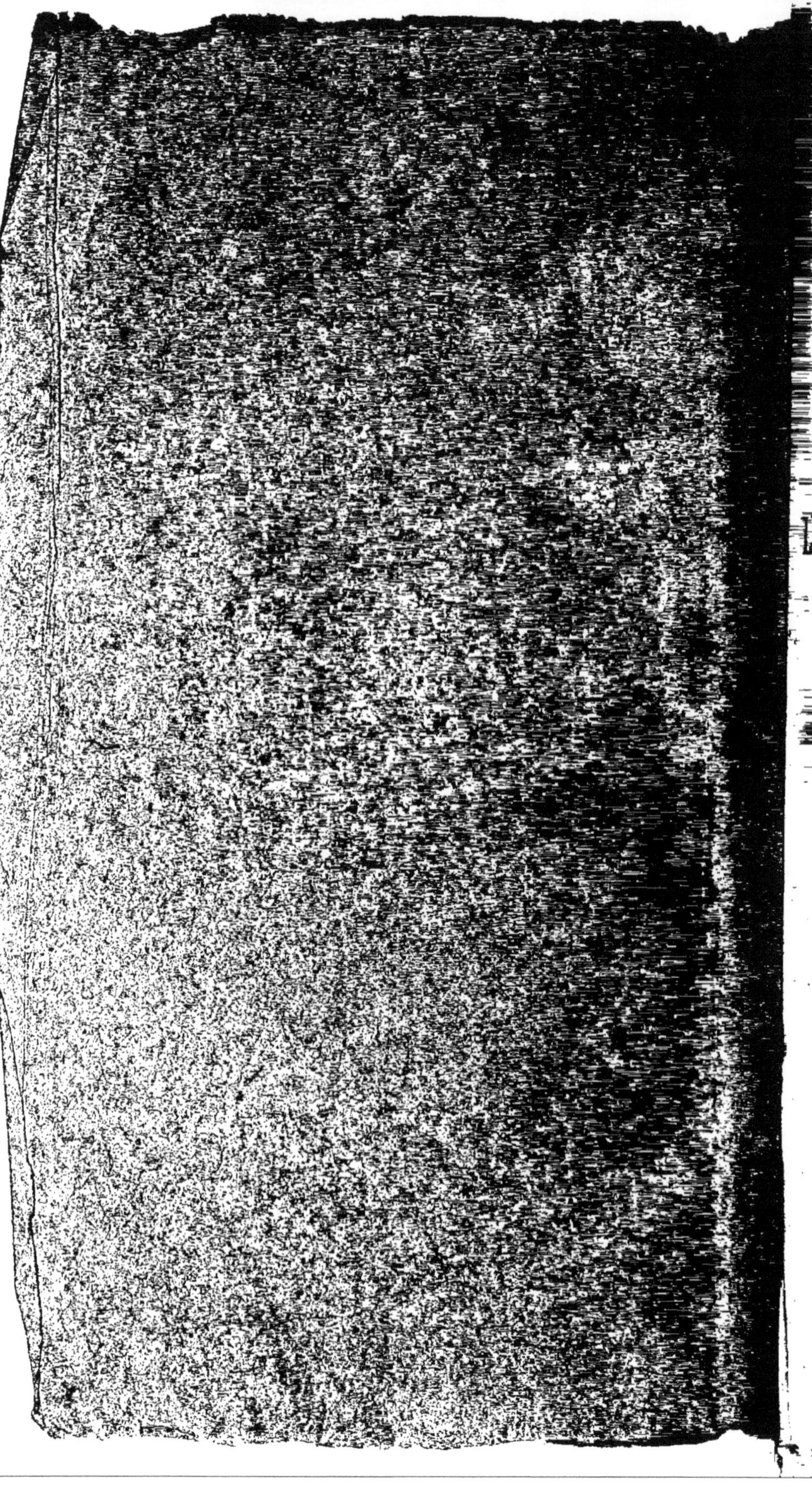

LE COUP DE MASSUE

AU DUEL.

IMPRIMERIE DE P. DUPONT, HOTEL DES FERMES.

LE COUP DE MASSUE AU DUEL.

Le masque tombé laisse en évidence, la bassesse, l'orgueil, la platitude, la bêtise, la cruauté infâme du monstre.

PROJET DE LOI

QUI MET CE CRIME A SA PLACE ET VENGE L'UNIVERS;

Par M. DESTRAVAULT

AVOCAT EN COUR;

Ancien Magistrat de sûreté, ancien Directeur principal des Hôpitaux; auteur de la Direction paternelle et maternelle; d'un Plan de Paix perpétuelle; d'un Plan de Finances qui réduit toutes nos contributions à 4 p. o/o, et de divers Essais moraux, en vers et en prose.

Prix : 1 fr.

A PARIS,

AU BUREAU PROVISOIRE DU PANATHÉNÉE,

RUE NEUVE-DES-CAPUCINES, N° 6.

1821.

DUEL.

Philosophisme, tu sens ton impuissance
contre l'ultrà bravoure!

Je ne crois, pour mon introduction, rien de plus éloquent que la lettre ci-après de l'empereur Joseph II, publiée par le journal *Constitutionnel* :

« Monsieur le Général,

« Le comte K... et le capitaine W... seront mis aux arrêts, sur-le-champ. Le comte est d'un caractère impétueux, fier de sa naissance; le capitaine W..., qui est un vieux militaire, prétend arranger tout, l'épée et le pistolet à la main : il s'est montré trop passionné concernant le cartel du jeune comte. Je ne veux pas et je ne souffrirai pas le duel dans mon armée : je méprise les maximes de ceux qui cherchent à le justifier, et qui s'entretuent de sang-froid.

J'ai une haute estime pour les officiers qui

s'exposent courageusement à l'ennemi, et qui, dans toutes les circonstances, se montrent intrépides, vaillans et déterminés dans l'attaque comme dans la défense. L'indifférence avec laquelle ils affrontent la mort, est aussi utile à la patrie, qu'elle est honorable pour eux.

« Mais il se trouve parmi eux, des hommes prêts à sacrifier tout à la vengeance et à la haine qu'ils portent à leurs adversaires; je les méprise: un tel homme ne vaut pas mieux, à mon avis, qu'un gladiateur romain.

« Convoquez un conseil de guerre, pour juger ces deux officiers; examinez l'objet de la querelle avec l'impartialité que j'exige de tout homme chargé de rendre la justice, et que celui qui est le plus coupable, succombe à sa destinée et à la rigueur des lois.

« Je veux que cet usage barbare, digne du « du siècle des Tamerlan et des Bajazet, et qui « souvent a eu des suites funestes pour les fa-« milles, soit comprimé et puni, dût-il m'en « coûter la moitié de mes officiers. Il y a en-« core des hommes qui savent allier la bravoure, « aux devoirs de sujets fidèles; ce sont ceux-là « qui respectent les lois de l'Etat. »

Vienne, août 1771.

Signé JOSEPH.

Monsieur de Soulaville oppose au duel, une arme qui, en effet, l'effleure vers le cœur; sophisme de l'orgueil, il est au moins affaibli par tout ce qui l'humilie.

D'ailleurs la blessure n'est pas assez profonde; elle ne frappe le vice, qu'à l'épiderme. Le tranchant qui l'a produite, est superficiel et trop incapable de pénétrer le vice, dans la racine.

Il propose la privation des droits civils. L'impertinence est telle à l'égard du duel, que cette peine deviendrait un relief peut-être même pour tous autres désordres.

J'ai donné dans mon édition de 1815, la décomposition du venin et l'antidote; je les reproduis à propos.

J'y gémis, comme vous-mêmes, messieurs, du fléau de la soldatesque dans la société, de la barbare anarchie du spadassinage!

Je rappelle à l'homme armé, que, comme l'homme de l'autel, des champs, des arts et des sciences, il est soumis aux lois de Dieu son créateur, et aux lois de la société sa souveraine.

Voilà le diapason sur lequel nous devons remonter tous les tons de nos maximes et de nos actions.

Le beau sexe n'est pas à l'abri des mésintelligences ; le sacerdoce a ses amertumes naturelles à dévorer ; leur vie ne se passe-t-elle pas sans le scandale de l'escrime ?

L'honneur est-il une autre loi pour nous, que pour eux ? notre chair est-elle plus noble, notre âme est-elle plus délicate ? La condition mâle et civile comporte sans doute un privilége contre l'autorité du maître commun, du législateur suprême !

Eh ! surtout, faites aspirer ces belles maximes, à l'enfance, avec le lait de la mère, avant la connaissance de son être et de son Dieu. Enseignez-lui l'abus de la force, la superbe de la nature humaine, avant de lui faire chérir l'obéissance, déplorer, supporter nos misères ! qu'un lycée soit une arène de gladiateurs ; la morale en bonté, en douceur, en humilité, un cours de tierces et quartes !

Une courte et puissante réflexion : L'adversaire est de bonne foi ? phénix de nos jours ! que de sacrifices ne dois-je pas m'imposer avant de chercher à ravir ce trésor, à la société ! Il est de mauvaise foi ! c'est m'avilir que l'attaquer ou répondre à son agression ; il n'est pas digne de ma colère.

Chétive créature ! demande-toi dans toutes tes hésitations : Que veut, que ferait Dieu ?

Eh ! qu'est Dieu ? le bien, le bien suprême.

Ne craignons pas d'irriter les oreilles du siècle, en proférant le beau nom du souverain régulateur ; ne balançons pas plus à le rappeler à la pensée publique, qu'elle ne se fait un scrupule de l'oublier.

Sans lui, philosophes, citoyens, ne comptez, ne comptez sur aucune liberté, sur aucune constitution ; sans lui, l'iniquité laissera tout ce qu'elle touche, empreint de sa corruption.

L'interdiction proposée par M. de Soulaville, qui affectera-t-elle ? La classe qui vient d'indigner toute belle âme, par d'insolentes explosions (1) ! Celle qui vient si glorieusement de se signaler ! n'avez-vous qu'elle à considérer ?

Que font à la foule, vos droits de cité et d'éligibilité ? et jusqu'à l'âge qui en jouit, quel sera votre spécifique ?

A cent écus, l'électeur ; à mille francs, le législateur ! *titre* exact de notre mérite et de nos vertus ! sans ce brevet, le droit de cité est la terre promise ; combien sommes-nous qui n'atteindrons jamais ces prérogatives au poids de l'or ?

---

(1) Les dernières provocations.

Pauvres âmes qui n'avez de garantie que dans le métal, éponge et cadenas du cœur !

Où sera le mobile d'émulation et de scrupule, pour la multitude, ou ruinée ou qui n'a jamais pu l'être ?

Amour de Dieu, zèle du bien suprême; crainte de Dieu, effroi de porter atteinte au bien suprême ; seuls caractères faits pour déterminer nos choix et consacrer nos maximes.

Ils fixent tout le bien, ils éloignent tout le mal.

Carquois exclusif ouvert efficacement contre l'audace du vain carnage de ses semblables.

Ah ! être bourreau t'est moins pénible que l'ouïe de l'épithète : *Poltron, lâche !....* Dieu, mon existence, les devoirs, l'utilité de la tienne; tout ce que tu as de cher, amis, parens, patrie; l'horreur de souiller tes mains dans le sang, tout cela n'est rien pour toi, auprès de l'orgueil de paraître braver la mort ! Tu jouis d'attaquer, d'anéantir ma vie, pourvu qu'on publie ton mépris de la mort !

Eh bien ! savoure ta félicité; je ne veux pas plus la contrarier que la cajoler.

Français, tu ne peux mourir glorieux, sans avoir égorgé de Français !

Sois bourreau, puisque c'est ton triomphe !

« Unique expédient infaillible qui, avec son développement et le change que je présente à l'agacement de l'amour-propre offensé, doit nous détacher de nos hochets sanglans, épuise les ressources de la philosophie, de la religion, pour confondre et anéantir à jamais le monstre favori des ultrà *braves*.

M. le conseiller de cassation : « Restons où « nous en sommes »! Quelle est la profession de foi de M. le conseiller? « En vices, en égoïsme, « en dépravation, en jugemens au moins légers, « superficiels, des progrès et encore des progrès! « en morale, en finances, en religion, en « patriotisme, en charité, en justice, extrava- « gance que tous les projets; rien de mieux « que ce qui est, restons où nous en sommes! « Un marquis, un général, *vrais dieux*, se « compromettre en police, avec un homme...! » Ciel! préservez-moi de certaines décisions!

« Le crêpe au bras »! Les enfans s'aiment en bonnet de nuit, on les plaint. Que de vains et puérils spadassins rechercheraient des égratignures, pour s'entendre louer!

« Repaître le bourreau, du spectacle de sa « victime. » Je l'ajoute à mon spécifique, et sans l'exhalaison, je l'en repaîtrais long-temps.

L'honneur! vous en faites votre grand cheval

de bataille ! Malheureux sophistes ! l'honneur ne gît que dans la vertu, non dans l'insolent orgueil. Maxime à ressasser, jusqu'à ce que l'on s'en pénètre et qu'on la sanctionne par la pratique, seul préservatif efficace. N'en cherchez plus d'autres.

La répression? rien de plus simple : quel est le principe applicable? le talion? non, l'intérêt social qui, en cette matière, opposerait le crime seul à la peine, dans la balance, verrait toujours celle-ci pencher sous la peine. Qui, au crime, opposera l'intérêt social, verra toujours le poids du côté du crime. Cet intérêt seul détermine le dégré de la culpabilité.

Qu'est-ce que la vengeance ou la vanité de paraître braver la mort, ont de plus noble, de plus excusable, que toute autre passion qui tue?

Ce sont toujours des vices, c'est-à-dire l'égoïsme qui se préfère à l'intérêt de tous.

L'état de société proclame le sacrifice de tous les égoïsmes, au profit de la masse sociale.

Tous attentats à cette loi, commandent une répression capable de prévenir le retour du désordre.

Cette loi ne fait grâce à aucun vice ; celui qui lui nuit le plus, quelque noblesse qu'il prête à la passion, sa source, c'est celui auquel elle affecte le moyen répressif le plus capital.

Le vol, à Spartes, était encensé, comme votre duel, en Europe. L'esprit social a fait rougir Spartes, de son aveuglement; il doit, chez nous, couvrir de confusion, l'impertinence du spadassinage.

L'honneur, dans le duel! fous! l'honneur chez les écervelés qui ne respectent que le frein des supplices ou qui immoleraient une nation, à *l'effroi* d'un ridicule! ces héros d'honneur, épargnent-ils votre propriété la plus chère : l'amour, l'hymen, votre réputation, vos droits! descendez au fond de ces cœurs si vains d'honneur! quel cloaque!

Chez qui cet honneur est-il plus effronté, plus charlatan! chez le furibond, chez le brigand.

Tout attentat à l'ordre social, est un brigandage. Le maréchal de France, qui usurpe le droit de se faire justice, est encore plus coupable en proportion de ses lumières et de son rang. Le duel et les insultes, auxquelles, sur une place publique, la police me laisse exposé, accusent la police, tous les dépositaires de la loi ou la loi.

Le marquis, le président, le prince, le gagnedenier, se doivent tout entiers à l'intérêt social et ont remis à la société, sans réserve, leur puissance répressive.

Où les individus reprennent leur puissance, il n'y a plus de société; l'anarchie, l'état de nature lui succèdent; ce résultat est le plus nuisible au public, il est un désordre honteux, affreux; il commande une rigueur répressive proportionnée.

Ainsi, honte, confusion, avilissement, à cet excès le plus effréné de l'orgueil; le duel.

Honte, confusion, gémissement sur tout pouvoir incapable de préserver l'Etat, d'un abus aussi funeste.

Toute gloire au héros, au seul héros; je n'en admets aucun autre; toute gloire au héros qui tourne ses forces, sa colère, contre son propre orgueil et en fait le sacrifice à la société, seule dispensatrice des répressions, de l'ordre, comme de la louange et du blâme, mais favorable à toutes lumières qui lui sont adressées dans son véritable intérêt.

Je veux encore pousser l'aspic, jusque dans son dernier repaire : un soufflet! les épithètes *fripon*, *coquin*, perdent leur victime tolérante.

De justes définitions résolvent tous les problèmes.

Ces délits sont un attentat à l'inviolabilité personnelle ou des atteintes à l'honneur.

Ils doivent simplement être dénoncés et punis.

Si la sévérité s'exerçait ponctuellement, elle préviendrait tous ces délits.

Votre honneur est blessé?

Dites : votre imagination.

Pourquoi tant de délicatesse sur une parole? vous êtes plus sage sur les écrits, vous les dénoncez.

L'insulte et la voie de fait ne déshonorent pas plus leurs victimes, que ne le font les infidélités de votre femme.

Ces désordres ne déshonorent que leurs auteurs.

Socrate aurait été déshonoré pour avoir méprisé ou fait punir un soufflet, une injure! Son âme en aurait été moins héroïque, moins belle! elle aurait moins respiré l'amour des hommes, de la sagesse et de la justice, seules sources de leur félicité!

Un saint, tel que vous pouvez vous en faire une idée, en serait-il déshonoré?

Un héros de vertus seulement humaines, n'en peut être plus affecté.

Attachons, pour le répéter une millième fois, l'honneur, à l'équité, le déshonneur, à l'injustice.

Les victimes d'une insulte, soumises aux lois, conserveront, acquerront toute gloire.

Dites : appelleriez-vous en duel, un roi qui vous aurait adressé de tels affronts?

Des juges auxquels votre conscience pure aurait à reprocher un arrêt capital, monument d'ignorance ou d'iniquité?

Le voleur, le portefaix supérieurs en force, qui vous auraient froissé?

Une femme qui vous aurait frappé?

Ici, Messieurs, après ces exceptions, dans votre système, que vous reste-t-il pour la règle?

Opérez à l'inverse : faites de votre prétendue règle, folle erreur, faites-en une malheureuse exception à laquelle vous trembliez de jamais succomber;

Et des sages et insurmontables exceptions, faites-en votre sage, votre honorable et sublime règle.

Les objets de votre cruelle exception, sont vos égaux! raison pour qu'ils demeurent, au contraire, les objets de votre tendre affection. La familiarité, entre égaux, rend les écarts moins sensibles, la susceptibilité, moins fondée, la tolérance moins généreuse. Tout bien analisé, quelle classe légitimera votre colère?

La frénésie du duel, est une ivresse; mettons de l'eau dans notre vin, nous rirons de nous-mêmes au souvenir de nos prétentions, de nos fureurs pour des niaiseries, de notre irascibilité de Doms Quichottes.

Il est moins sensé que le deuil de la veuve du Malabar: qu'elle cesse avec l'objet de sa félicité, [illegible]xte plausible; mais pour une oreille indi[illegible], pour la plus légère voie de fait d'un seul, [illegible]t que la société perde deux êtres importans! Considérez de sang froid; et gardez, si vous pouvez, votre sérieux!

J'ai entendu un grave magistrat devenu instituteur, excuser le duel devant ses nombreux élèves et citer ce trait : Sous son ancienne autorité, sur l'avis qui lui en fut donné, il se transporta sur le champ où deux champions se livraient bataille et les sépara au nom de la loi. L'un d'eux, qu'il ramena avec lui, lui dit : « Nous ne pouvons que vous obéir ; mais tôt ou tard nous nous rejoindrons. On a le droit de m'appeler au combat contre des inconnus qui ne m'ont jamais offensé, et je n'aurais pas celui de punir celui de qui j'ai à me plaindre ! je n'aurais pas

Tu ne sens pas, monstre, ta barbarie! hommes légers, étourdis, insensés, la furenr de votre vanité, ne céde à aucune réflexion!

Idoles de distinction, de l'épée, du fanatisme de la guerre, hommes ivres de tant de passions effrénées, il faut que tout homme qui a reçu un soufflet, une injure, se batte, soit tué ou tue.

Malheureux, tu es la partie, tu es le juge, tu es le bourreau!

Es-tu encore membre de la société que tu déchires, que tu désoles? Tigre, hors la loi!

Tu préféres ta fougue sanguinaire, la rage de ton orgueil, au calme, à l'ordre, au vœu, au règne de la loi, à la raison, à l'esprit, à Dieu!

Eh! monstre, si le motif le moins odieux t'anime, la crainte de l'infamie, pour n'avoir pas été assassin, un seul crime suffit à ton orgueil; tu n'en as pas besoin de deux : tue toi, vil orgueilleux! deux ou trois ombres qui t'ont remarqué dans ce monde, publieront que la tienne a mieux aîmé disparaître que de se montrer plus long-temps sur terre, une oreille ou une joue froissée ou d'ajouter à cette mésaventure, un crime d'assassinat, crime inutile pour son honneur, crime aggravant mille fois son malheur.

Le suicide, en ce cas, répond à la question qui t'inquiète : préfère-t-il l'honneur à la vie ?

Mais non, spadassin ! tu préfères la vie, à l'honneur.

Est-ce une infamie d'ôter la vie, l'univers, à son semblable !

Cette infamie ne surpasse-t-elle pas mille fois le reproche futile et criminel d'avoir été, par amour de la patrie, de la loi, de l'ordre, par amour de Dieu lui-même, d'avoir été, à force de sagesse et de calme, supérieur à l'intempérance d'un extravagant agresseur ?

Mais cette infamie participe même extrêmement de celle que tu sembles redouter : le soupçon que tu prefères la vie à l'honneur. La provocation et l'adhésion au duel, prouvent cette préférence. Nulle considération religieuse pour préférer le duel, au suicide : même danger pour la victime de l'un ou de l'autre ; même dieu, sa justice pardonne plutôt le crime qui nuit à nous seuls, que celui qui nuit à autrui.

Le seul désir de la conserver, la vie, te fait préférer le duel, au suicide ; là il y a encore au moins une chance pour tes jours ; tu les joue contre ceux de ton adversaire, et Dieu sait, et la terre n'ignore pas quel sont ceux dont tu désires la durée.

Souhaiter la mort, porter la mort à son semblable, pour satisfaire la soif de gloriole ou de vengeance, n'est-ce pas l'infamie des infamies, en comparaison de l'épigramme puérile auquel expose le vain bruit d'un prétendu affront?

Dieu! que nos préjugés sont bêtes! une violence sur notre corps, sur notre réputation ou sur notre champ, n'est toujours qu'une violence.

Comment conjure-t-on l'ordre contre la dernière? pourquoi ne pas prendre le seul et même moyen contre les deux autres?

De deux choses l'une : ou vous vous êtes attiré l'injure, l'affront, ou ils sont gratuits.

Dans le premier cas, sachez souffrir la juste expiation de votre faute, sauf la répression judidiciaire du mode.

Dans le second cas, pour qui est l'affront? pour le criminel auteur de la violence et toute l'admiration pour le vrai héros qui a subjugué sa juste indignation et lui a préféré la volonté, le règne de la raison et de la loi.

Au reste, ici, qui est exposé et endure l'agression, ou qui se la permet?

De mauvais sujets, sous tel ou tel rapport : le mérite y est rarement en but.

Eh bien! puisqu'un affront vous humilie à un tel degré, ce sentiment est au moins honnête.

Employez votre vie entière, à le prévenir.

Instituteurs ! faites-le prévoir à vos élèves ; imprimez-leur en un tel effroi, que toute leur attention s'attache à la sagesse, à la loi de Dieu, à l'acquisition du mérite, pour ne jamais être dans la nécessité de gémir d'un affront, ni d'hésiter entre les moyens légitimes et illégitimes de le réparer.

Si tous les efforts de la société pour vous en préserver, ont été vains, ne vous plaignez point du malheur qui vous en rend victime; supportez-le comme une compensation de votre indocilité, de vos désordres. La société, loin de vous mépriser, vous tiendra compte de votre patience qu'elle attribuera à un courage infiniment plus honorable que le duel ; elle réprimera les auteurs de l'offense, et vous en préservera pour l'avenir. Un seul acte d'une magnanime résignation de votre part, réparera, à ses yeux, vingt ans de mauvaise éducation.

Le duel déféré ou accepté est une profession publique d'athéisme, une renonciation à son

Dieu, à sa religion, à sa foi, à l'humanité, à l'honneur, à la patrie, à son roi.

Jugez quelle indulgence vous devez à une pareille dépravation!

Jugez, grands de la cour, que vos lumières, votre rang, votre élévation donnent en exemple, aux peuples; jugez s'il vous est permis de traiter légèrement un tel désordre, si vous pouvez ne le considérer que comme une incartade, une faute nécessaire, une loi de chevalerie!

Je vous proclame, vous tous grands qui encore, à ce crime, prétendez allier la religion, le royalisme, le civisme, l'honneur; je vous proclame, si vous n'y réfléchissez et ne publiez que vous rougissez de votre erreur, je vous proclame les premiers champions de la férocité.

Misérables que nous sommes! ôtez la société, il n'y a plus de crime que le blasphême en parole ou en action.

Il n'y a plus de crime envers l'homme: tous et tout sont en butte à la domination de chacun; dès-lors, le stupre, l'assassinat, le vol ne sont pas plus désordre que le duel, ils ne sont pas plus crime que lui.

A l'inverse, en société, le duel est un assassinat, un vol des objets les plus chers, les plus sacrés, un attentat qui la dissout, un désordre capital, une calamité.

Amis de la règle, de la subordination, comment pouvez-vous donc ainsi tolérer, justifier le duel, caractère déterminé de l'anarchie?

Nous avons l'obligation de ce reste de barbarie, à la gente soldatesque : l'oisiveté, la corruption consacrées dans cette profession, lui rendent nécessaires tous les désordres qui ne compromettent pas l'intêret à son asservissement, de la part du despotisme.

Je le répéterai jusqu'à la mort : les puissances sont responsables de tous les vices de la force armée, tant qu'elles en feront une profession à part, et non le devoir de tous les citoyens. Je ne vois ni salut, ni sûreté de conscience pour elles, tant qu'elles immoleront la morale publique, à ce fléau maintenu par le machiavélisme.

Aussi, qui tolère le vicieux, ne peut qu'en subir les vices. Est-il croyable que des potentats qui font trembler la terre, n'ayent pu encore briser la tête du monstre? Ils peuvent tout ce qu'ils veulent, surtout lorsque ce qu'ils veulent, ne peut qu'attirer les bénédictions de l'univers : ils n'ont donc pas voulu encore guérir une si profonde plaie! Être la loi, être le roi, être la patrie, et souffrir un vice plus fort que tous trois ; quelle honte! Dieu a donc tort, si le duel a raison? Dépositaires du pouvoir des nations, pas de milieu : proscrivez Dieu ou le duel; mais ne vous bornez pas à proscrire ce fanatisme, de bouche, par de vains édits; ne vous permettez plus une heure de sommeil, que le dragon n'ait, de fait, et à jamais, humilié, courbé sous le joug de la loi, sa tête rebelle et superbe.

Veuillez fortement l'ordre et opérez irrévocablement tout ce qui le produit.

Poursuivons le monstre, dans tous ses retranchemens!

LOI.

TITRE XXI (du Diadème de nos Lois).

Extinction du Duel.

Art. 751. La lâcheté consiste à fuir devant l'ennemi de l'Etat, à ne pas lui résister, à désobéir aux ordres de ses chefs, aux lois de Dieu et de son pays, sous quelque prétexte que ce soit, même sous celui de s'épargner une peine, un affront, de satisfaire son amour-propre, un soi-disant point d'honneur. Elle consiste à se soustraire aux fatigues, aux dangers de la guerre, à subordonner le service de l'Etat et l'exécution des lois, à ses passions, à ses intérêts. Elle consiste à calomnier, à persécuter, à se livrer à des actes extérieurs d'iniquité, de haine, de méchanceté, de ressentiment et d'abus de ses forces.

752. Tout Français convaincu de l'un de ces actes, est déclaré lâche, incapable de porter les armes et dégradé.

753. Jusqu'à cette déclaration, le maintien d'un Français, sur le contrôle des citoyens de la

garde nationale ou de l'armée, est une garantie, un brevet d'honneur.

754. Aucune injuste agression, aucune violence passive ne peut ternir sa réputation. L'offense s'adresse à la patrie entière qui seule est attaquée et blessée dans son défenseur. C'est elle qui épouse et garantit la cause de son fils provoqué.

755. L'uniforme, l'éclat des armes, doivent cesser d'exalter le militaire, à la manière des animaux enivrés pour les exciter au combat, ou en esclaves dont l'orgueil, les passions effrénées semblent les dédommager du sacrifice de leur liberté.

756. Souvenez-vous, soldats citoyens, citoyens soldats, que vous êtes des hommes et des hommes créés pour Dieu, près, comme loin des combats; et des hommes uniquement créés, non pour la licence de la chair et la fougue des sens, mais pour la seule vertu, pour la vie et la gloire spirituelles, comme la vierge, comme le prêtre, comme le magistrat, comme le jeune enfant!

757. L'agresseur, celui qui résiste, se venge, assouvit son amour-propre, son resssentiment, par des injures graves ou par des voies de fait, sont déclarés lâches et en subissent le sort.

758. Celui qui provoque, accepte, consomme un duel, est déclaré lâche, rebelle, condamné comme tel, et en outre, à exercer le premier office vacant de BOURREAU ou de ses valets. Jusque-là il est obligé de servir comme pionnier, si l'Etat en a besoin. Tous les Français doivent le fuir comme un animal contagieux.

759. L'agresseur, à l'improviste, subit le sort du meurtrier. S'il est victime, sa mémoire est gravée au nombre des meurtriers et des lâches.

760. Tout Français est obligé d'opposer la dignité, aux emportemens. L'agression avilit au dernier dègré, celui qui se l'est permise. Il s'est placé au rang de la brute, il s'est rendu indigne de la colère de celui qu'il a voulu offenser. Qui répond à cette bassesse, en partage la dégradation. Le cas où la résistance est indispensable pour défendre sa vie, est seul excepté.

761. Dans toute autre hypothèse, l'unique voie que l'honneur avoue, qui maintient la dignité de l'homme, est de mettre l'agresseur, à même de recouvrer la sienne, en le faisant paraître devant LA CONSCIENCE COMMUNE, le syndic qui le mande, au premier avis, le détermine à reconnaître, à réparer ses torts, et réconcilie les parties.

762. Plus de sophisme qui place ce procédé généreux, au rang infâme des délations!

763. Dieu, la patrie, le monarque ordonnent à peine d'ignominie, de disgrâce et de proscription, de recourir au syndic, à son défaut, à la direction paternelle, soit militaire, soit civile, pour rendre à la raison, un frère égaré et réunir deux cœurs français qu'une erreur momentanée a pu seule diviser.

764. Ce zèle, loin de rien renfermer de honteux, est une obéissance pénible, mais noble et généreuse, à la loi. Le syndic n'est point une autorité, mais, dans ce cas, un intermédiaire paternel, fraternel. Il est un autre nous-mêmes; lui en déférer, c'est, pour ainsi dire, n'en faire confidence qu'à sa propre pensée.

765. Le syndic s'efforce de calmer les esprits et de les ramener à la bonne harmonie. S'il s'y applique en vain, il a recours à la direction.

766. En ce cas, seulement, le journal paternel civil pour les citoyens ou militaire à l'armée, en fait mention et rend justice aux parties. Le jugement qu'il proclame, forme l'opinion publique et préserve l'offensé, de toute prévention défavorable.

767. Surérogatoirement, la direction centrale se prononce dans ce journal, sur l'individu exposé à l'occasion du duel, le justifie et fixe sa

réputation qui dès lors sur ce point, demeure intacte.

768. Chaque citoyen a le droit de se défendre et de se justifier dans tout journal paternel.

769. Pour rendre un hommage sublime, à la bravoure française, la patrie permet au citoyen offensé dont la délicatesse ne serait pas satisfaite par sa qualité de citoyen actif pour la guerre et pour la paix, la patrie lui permet de briguer et lui accorde l'honneur du premier danger à braver pour elle, tels que les actes les plus périlleux en temps de guerre, tout dévouement, pour défendre la vie et la propriété d'autrui, servir, garantir la société en cas d'incendie, naufrage, maladie contagieuse, excursions de bêtes féroces, de brigands, toutes entreprises et autres circonstances où le bien s'opère au péril de l'existence.

770. Un registre est ouvert à la direction, où s'inscrit celui qui a besoin de publier qu'il préfère le devoir, la vertu, à l'amour-propre, et l'amour-propre, à la vie. Il est le premier appelé dans les occasions de l'article précédent. Il les saisit, s'il en est témoin. Son inscription sur ce registre, rend inviolables ses titres à l'estime générale. S'il dément l'inscription, il subit le

sort des lâches. Qui l'attaquerait dans ce cas, partage l'infamie et le sort de ce proscrit.

771. La décoration méritée dans les périls, dans ses devoirs, soit en paix, soit dans les combats de guerre, est un brevet inviolable d'honneur. Il rend supérieur à toute provocation et dispense de toutes autres preuves de courage.

772. Si dans l'intervalle prévu par les articles 769 et 770, l'offensé produit quelque fruit signalé du génie, quelque action d'éclat, se distingue par quelque grand bienfait, le journal paternel proclame l'épreuve suffisante et l'honneur du danger lui est interdit.

773. Dès-lors, loin que le refus du duel laisse une empreinte de lâcheté, il est, au contraire, un acte de vertu, de bravoure, puisqu'il surmonte le penchant naturel extrêmement vicieux, à la vengeance, et immole l'orgueil et le ressentiment, à l'ordre social, à l'obéissance aux lois.

774. Cette vertu est au nombre de celles qui constituent le soldat d'élite, le bon citoyen, et un titre de plus aux récompenses et à l'avancement.

775. Nul soupçon de lâcheté ne peut atteindre un Français membre de l'armée. Son maintien dans l'armée, est un titre inviolable de courage et d'honneur.

FIN.

www.ingramcontent.com/pod-product-compliance
Ingram Content Group UK Ltd.
Pitfield, Milton Keynes, MK11 3LW, UK
UKHW012122240726
13965UKWH00005B/1921